UM ANJO TAMBÉM PARA VOCÊ

De: _____

Para: _____

ANNA MARIA CÀNOPI

UM ANJO
TAMBÉM PARA VOCÊ

Dados Internacionais de Catalogação na Publicação (CIP)
(Câmara Brasileira do Livro, SP, Brasil)

Cànopi, Anna Maria
  Um anjo também para você / Anna Maria Cànopi ; [tradução Andréia Schweitzer]. -- São Paulo : Paulinas, 2017.

  Título original: Un angelo anche per te
  ISBN: 978-85-356-4311-4

  1. Anjos - Cristianismo 2. Espiritualidade 3. Fé 4. Novo Testamento 5. Vida religiosa I. Título.

17-04948   CDD-202.15

Índice para catálogo sistemático:
  1. Anjos : Cristianismo   202.15

1ª edição – 2017

Direção-geral: *Flávia Reginatto*
Editora responsável: *Andréia Schweitzer*
Tradução: *Andréia Schweitzer*
Coordenação de revisão: *Marina Mendonça*
Revisão: *Sandra Sinzato*
Gerente de produção: *Felício Calegaro Neto*
Diagramação: *Jéssica Diniz Souza*

Nenhuma parte desta obra poderá ser reproduzida ou transmitida por qualquer forma e/ou quaisquer meios (eletrônico ou mecânico, incluindo fotocópia e gravação) ou arquivada em qualquer sistema ou banco de dados sem permissão escrita da Editora. Direitos reservados.

Paulinas
Rua Dona Inácia Uchoa, 62
04110-020 – São Paulo – SP (Brasil)
Tel.: (11) 2125-3500
http://www.paulinas.org.br – editora@paulinas.com.br
Telemarketing e SAC: 0800-7010081
© Pia Sociedade Filhas de São Paulo – São Paulo, 2017

Introdução

A obra da criação não é apenas a que vemos com os nossos olhos corporais e que é percebida pelos nossos sentidos. Na inesgotável fecundidade de seu ato criativo, Deus também chamou à existência um mundo para nós invisível e, no entanto, realíssimo, que é esplêndido reflexo da sua glória e que podemos perceber presente apenas com os sentidos espirituais, mediante a fé, a oração, a iluminação interior que nos vem do Espírito Santo.

A Sagrada Escritura alça para nós um véu sobre este mundo misterioso e nos deixa perceber breves manifestações dele quando nos fala dos "anjos", seres espirituais cujo nome – que significa "mensageiro" – não designa sua natureza, mas a função que exercem.

Os anjos estão na presença de Deus, o contemplam, o adoram, cantam em coro a sua glória e estão a seu serviço seja para o previdente governo do cosmo, seja para a execução do plano de salvação em relação aos seres humanos.

A revelação do Antigo Testamento nos faz conhecê-los, sobretudo, nesta última função, ou seja, como instrumentos da bondade divina direcionada ao povo eleito. Eles têm a tarefa de preparar a humanidade para receber a salvação. São encontrados no caminho de Abraão e dos outros patriarcas; no caminho de Moisés e do povo de Israel durante o êxodo do Egito; e depois, ao longo de todos os séculos de história que vão ao encontro do Messias (cf. *Catecismo da Igreja Católica*, 54-65; 328-336).

No Novo Testamento, a missão dos anjos quanto ao plano da salvação delineia-se com ainda maior clareza. Eles anunciam os grandes mistérios de Cristo e estão a seu serviço na obra da redenção, seja durante sua vida terrena, seja depois da sua ascensão ao céu. Assistem, de fato, os apóstolos no difícil início da evangelização. Protegem a Igreja e os cristãos, ajudando-os a alcançar o supremo fim. Segundo uma antiquíssima tradição, todo povo tem o seu anjo protetor, assim como cada indivíduo.

Sendo os ministros da liturgia celeste, os anjos presidem invisivelmente também a liturgia terrena, que está em estreita relação com a do céu.

No fim dos tempos eles acompanharão Cristo no seu retorno glorioso; estarão a ele associados na execução do juízo e finalmente saudarão com gáudio a glorificação dos filhos de Deus e a redenção de toda a criação visível.

A existência de uma criação de ordem puramente espiritual, não perceptível pelos nossos sentidos corporais, constitui um artigo da profissão de fé cristã: "Creio em um só Deus, Pai todo-poderoso, Criador do céu e da terra, de todas as coisas visíveis e invisíveis".

A expressão, obviamente, nos faz pensar nos anjos que, chamados à existência na primeira manhã da criação, segundo uma expressão poética da Sagrada Escritura, alegraram-se junto às estrelas, quando Deus colocou as fundações da terra, lar do homem (cf. Jó 38,6-7).

Quase todos os povos transmitem crenças mais ou menos lendárias sobre a existência dos seres celestes tendo uma função de mediação entre o mundo divino e o mundo cósmico e humano. A imaginação popular e o simbolismo religioso oriental tiveram um papel notável na representação de tais seres. Em geral eram descritos – como se fazia com as divindades – com antropomorfismos sublimados. Originariamente atribuíram-se indistintamente aos anjos funções benéficas ou maléficas (cf. Jó 1,12; Sl 78,49; Ex 12,23), mas mais tarde chegou-se à distinção entre anjos bons e anjos maus, em constante oposição entre si (cf. Zc 3,1ss.) e estes últimos, separados de Deus, foram chamados "demônios".

Das várias tradições populares sobre anjos, permanecem vestígios nos gêneros literários usados por inspirados escritores. Trata-se, porém, de uma influência limitada à linguagem, pois, por causa de seu caráter monoteístico, a religião judaica admitia exclusivamente a existência de seres subordinados ao Deus único, por ele criados, com a intenção de adorá-lo e servi-lo, coadjuvando-o no governo do mundo (Ne 9; Dn 7; Sl 103). Por analogia com as concepções mitológicas relacionadas ao soberano oriental, na Bíblia os anjos são comumente descritos como uma legião – um exército – que rodeia o trono de Deus, o qual, por isso, é chamado "Deus dos exércitos".

Esta imensa multidão foi apresentada hierarquicamente, motivo pelo qual se fala de ordens ou coros angelicais tendo a frente um príncipe (cf. Tb 12,15). Os anjos foram também distinguidos com nomes e funções especiais. No Antigo Testamento, encontram-se frequentemente mencionados os *querubins* (nome de origem babilônica) e os *serafins*, ou seja, "ardentes", aos quais são atribuídas tarefas de particular importância no serviço cultual que se desenvolve ao redor do trono de Deus.

A atitude de profunda reverência que os anjos têm diante da divina Majestade exprime a consciência da infinita transcendência do Criador no confronto de toda criatura, incluindo os espíritos celestes. E a aclamação ao Santo, colocada pelo profeta na boca dos anjos – aclamação incluída em todos os ritos litúrgicos – dá também o sentido da onipresença da glória divina que se derrama em bênçãos.

O céu, o mundo invisível, não é, portanto, uma realidade em si mesma distante, mas preenche o universo visível e não é estranho à sua história.

Os anjos são justamente os intermediários dessa misteriosa comunicação. E embora sejam criaturas de singular beleza e de altíssima dignidade, a ponto de poder estar na presença de Deus, a Sagrada Escritura nos revela que não eles, mas os seres humanos são objeto da predileção divina (cf. Hb 2). De fato, Deus colocou os anjos a serviço dos homens, fazendo deles instrumentos do seu poder e da sua providência na execução do seu plano de salvação (cf. Hb 1).

Segundo o Evangelho da infância de Jesus, Gabriel é o mensageiro celeste encarregado de levar ao sacerdote Zacarias o anúncio do nascimento do precursor e à Virgem Maria o da encarnação do Verbo em seu seio (cf. Lc 1).

Também é um anjo que aconselha José, quando ele está meditando em seu coração se deveria secretamente dispensar a sua noiva (cf. Mt 1,20-21), assim como em seguida irá sugerir que fujam para o Egito para proteger a Mãe e o Menino das armadilhas de Herodes (cf. Mt 2,13) e depois – cessado o perigo – o chamará de volta à terra de Israel (cf. Mt 2,19-20).

É ainda um anjo que dá a alegre notícia do nascimento do Salvador aos pastores de Belém. E com ele, na mesma noite, uma multidão de espíritos celestes desce à terra para cantar a glória de Deus que se manifesta em bondade aos homens (cf. Lc 2).

Depois dos anjos do Natal, descritos como aparições de luz e harmonia de canto, encontramos os anjos fulgurantes e vestidos de branco da ressurreição (cf. Lc 24,2-6) e da ascensão (cf. At 1,10-11).

Geralmente, a presença dos anjos ao redor de Jesus permanece invisível; apenas ocasionalmente, nos momentos mais decisivos da sua vida, se manifestam, para dar testemunho da sua divindade.

Fazendo-se homem, o Verbo se coloca abaixo dos anjos, mas, não deixando de ser Deus, permanece infinitamente superior a eles (cf. Hb 1,4ss; 2,7.9). Eles estão, portanto, a seu serviço e ele poderia dispor deles a todo o momento, com soberana liberdade, mas utiliza-os exclusivamente para levar a termo a obra da salvação segundo o desígnio do Pai. Por isso, enquanto aceita a assistência dos anjos no deserto, depois da tentação diabólica (cf. Mt 1,13) e o confronto de um anjo enviado pelo Pai na noite angustiante do Getsêmani (cf. Lc 22,43), abandona-se totalmente indefeso nas mãos dos seus inimigos quando sente aproximar-se a hora do seu supremo sacrifício (cf. Mt 26,53).

Apenas quando a redenção se completar a presença deles será notada, como diz o próprio Cristo evocando a visão de Jacó (cf. Gn 20,10-17): "Em verdade, em verdade, vos digo: vereis *o céu* aberto e *os anjos de Deus subindo e descendo* sobre o Filho do Homem" (Jo 1,51).

O papel dos anjos na obra da redenção é esclarecido nos escritos dos apóstolos, que veem neles um sinal da incessante e atenciosa presença de Jesus entre os seus.

Para os apóstolos perseguidos e encarcerados, os anjos muitas vezes são providenciais libertadores (cf. At 5,12). Um anjo coloca Filipe na estrada "que desce de Jerusalém a Gaza" para fazer com que ele encontre o servo da rainha dos etíopes disposto a acolher o anúncio da salvação e o batismo (cf. At 10,26). Um anjo combina o encontro de Pedro com o centurião Cornélio (cf. At 10,1ss.; 11,1-18). No grave perigo de naufrágio em que se encontra o navio que conduz Paulo prisioneiro a Roma, um anjo leva ao apóstolo uma mensagem tranquilizadora para ele e os seus companheiros de viagem (cf. At 27,23-25). Resumindo: nas dificuldades encontradas para a divulgação do Evangelho, os apóstolos sempre desfrutaram de uma especial assistência.

No Apocalipse, também, surge a notícia segundo a qual, além do bispo, também um anjo seria responsável pela Igreja e teria a tarefa de protegê-la e promover a sua unidade e a paz (cf. Ap 2,1.8.12.18; 3,1.7.14).

De sua parte, a Igreja não só se associa aos anjos no canto da liturgia, mas também os invoca e os faz objeto de veneração; além disso, com terno sentimento maternal, confia ao cuidado deles todos os seus filhos, ao fim de cada dia, na hora das Completas e, sobretudo, no fim da vida.

Gostaria, então, de relatar aqui uma sugestiva recordação de um sacerdote e escritor do século passado.

"Contava-me, um santo padre (ainda existem alguns) que justamente no dia dos Santos Anjos da Guarda, celebrando na sua igrejinha de San Giovanni al Fonte, com a assistência dos fiéis, aconteceu de sentir ao longo de toda a missa um suave rufar de asas, que não sabia de onde vinha. Pensou tratar-se, como seria natural, de uma revoada de anjos (o seu e os dos presentes), que rezavam a missa com ele. Nunca ouvi uma narrativa mais maravilhosa do que essa, nem que me tenha comovido tanto, se não fosse certa vez, quando, ocupado com os afazeres noturnos de uma velha abadia de monges sérios, ouvi cantar a Hora das Completas; o prior cantou a oração final que é um hino aos anjos: 'Visita, ó Senhor, esta tua casa, e afasta as armadilhas dos maus espíritos; os teus anjos a habitem e cuidem da sua paz'. Naquele momento, sob o som do último sino, tive a impressão de ver muitos anjos que, descendo do alto, se reuniam às famílias na última bênção do dia. E retornando à minha cela nua, fechando a porta e aproximando-se a escuridão, tremia de alegria por saber, quase mais do que se visse, que eu havia trazido comigo um anjo todinho para mim" (Cesare Angelini, in: VV.AA., *Retorno degli angeli*. Vicenza: La locusta, 1988, p. 45).

Os anjos, sentinelas vigilantes destinadas pelo Criador para monitorar toda a criação visível, não concluirão a sua missão até que toda a criação – humanidade e cosmo – não termine o seu trabalho de renovação (cf. Rm 8,19-23; 1Pd 3,2) e não se reúna, em Cristo, a Deus (cf. Ef 1,10; Cl 1,20; 1Cor 15,24-28).

E quando o plano da salvação for finalmente concluído, também os anjos conquistarão o prêmio do seu serviço. A alegria de Cristo no encontro definitivo com a Igreja, esposa toda purificada e toda santa, será também a alegria dos anjos, alegria longamente esperada por eles, fervorosamente preparada e em alguma medida antevista na conversão dos pecadores.

Então, recapitulada em Cristo e oferecida ao Pai, toda a criação – visível e invisível – será uma perfeita liturgia, uma perene rendição de graças a Deus pela infinita sabedoria e amorosa providência com a qual terá conduzido ao fim, ao destino de beatitude, todas as criaturas, dispondo-as de maneira que uma fosse para a outra mensageira de seu amor, instrumento do seu poder, sinal de sua paterna e vigilante presença.

E, desta universal e perene liturgia, os anjos continuarão a ser os ministros. O cântico unânime dos salvos será inserido na nota do canto que eles, das árvores da criação, não deixam de alçar para a "glória daquele que tudo move".

As surpresas de Deus

(Lucas 1,28-26; Mateus 1,18-25)

Três vezes ao dia, o badalar dos sinos nos fazem ouvir o eco do momento em que o Anjo Gabriel fez o anúncio a Maria... E o coração sempre se recolhe em silenciosa oração, cheio de admiração, como se nunca antes aquele anúncio tivesse sido ouvido; toda vez é como se fosse feito justamente para nós. E na realidade é assim. *De geração em geração* – canta Maria repleta do Espírito Santo – a misericórdia de Deus se derrama sobre aqueles que o temem (cf. Lc 1,50).

O anjo Gabriel foi enviado por Deus... Esse início, que logo nos faz mover o olhar do coração ao céu, recorda, a quem tem familiaridade com a liturgia, a belíssima antífona gregoriana para o *Benedictus* de 20 de dezembro, já em proximidade do santo Natal. O anjo Gabriel é enviado por Deus... O Senhor envia e o anjo prontamente obedece; ele desce à terra levando consigo uma mensagem a transmitir. Esse "envio" – que foi único e excepcional para a Virgem Maria – se renova continuamente por parte de Deus para a Igreja e para cada um de nós. Há sempre um novo evento na nossa vida e na história, porque a nossa existência está envolvida pela graça do Senhor. Somos sempre objeto da divina misericórdia e sempre, portanto, chamados pelo nome, interpelados por uma missão. No amanhecer de cada novo dia, no fim da jornada, ao anoitecer vem a nós o anjo Gabriel. O seu nome significa "força de Deus", como se para nos fazer entender que, com o anúncio da missão, traz como dom também a força para cumpri-la.

Antes de revelar a mensagem secreta do anjo, o Evangelho registra, com precisão, também o lugar do evento e os nomes das pessoas envolvidas. O anjo Gabriel foi enviado "a uma cidade da *Galileia*, chamada *Nazaré*". Dizer Galileia significa dizer uma região prevalentemente comercial, em que vários povos transitam, terra habitada por pagãos... Naquela região, portanto, Nazaré é uma aldeia à parte, sem renome, o que é atestado também pelo que reporta o evangelista João: "De Nazaré pode sair algo de bom?" (Jo 1,46). Do alto do céu o anjo Gabriel desce. Surpreendente mistério da escolha de Deus, que nos encoraja e ao mesmo tempo nos sacode: nada e ninguém é desprezível para Deus, ele espera de todos uma generosa colaboração a seu projeto de salvação. Galileia e Nazaré são também o meu coração, essa região interior de frequente comércio, onde se elevam ídolos a tantas divindades pagãs, onde se encontram e desencontram as mais nobres aspirações com as mais ignóbeis paixões, mas onde, nas profundezas mais escondidas, é também sempre viva a espera de um anúncio de salvação, para começar e recomeçar um caminho de verdadeira santidade.

Portanto, na porta daquela casinha escondida bateu o anjo Gabriel, enviado "a uma virgem prometida em casamento a um homem de nome José, da casa de Davi. A virgem se chamava *Maria*" (v. 27). Depois do lugar, eis os nomes que já se entrelaçam em um evento familiar comum e tranquilo, inserido na grande história do povo eleito, para levar adiante, com uma existência humilde e oculta, orante e trabalhadora, a grande espera do Messias, o Desejado por todos.

"Entrando, o anjo disse-lhe: 'Alegra-te, cheia de graça, o Senhor está contigo'" (v. 28).

Enquanto toda a história de Israel – e a nossa – é um longo, cansativo "êxodo", uma saída da terra de escravidão – o Egito, o pecado – em Nazaré, na casinha da virgem Maria, o anjo Gabriel entra como em uma *terra santa*. Ainda antes de anunciar a mensagem que leva consigo, ele convida à alegria a humilde, desconhecida virgem de Nazaré, chamando-a com um nome novo que lhe revela um mistério secreto: "Alegra-te, cheia de graça...". Criatura formada de frágil argila, como todos nós, Maria não conhece, porém, a marca do pecado, não carrega consigo, ao

nascer, a dolorosa hereditariedade da culpa original. Escolhida desde a eternidade para ser Mãe do Verbo encarnado, em vista da sua missão, por singular privilégio, por pura graça, foi remida na sua raiz desde o primeiro instante de sua concepção e preservada da mancha original (cf. *Lumen gentium* 56).

Antes do pecado, Deus costumava passear pelo jardim do Éden à brisa da noite: bela imagem para dizer que ele tinha com a criatura humana uma relação de profunda comunhão, estava "com o homem", já era, de certa maneira, o Emanuel. Com o pecado, essa doce amizade foi ferida, rompida. Adquire, assim, uma luz particular também a última parte da saudação angelical: "O Senhor está contigo". Tudo, com Maria, volta a ser como na origem.

Assim como saudou Maria, o anjo também nos saúda, aqui e agora, pois já desde então, com Maria, estávamos todos envolvidos no mais perturbador fato da história: "Alegra-te", diz a cada um, "porque o Senhor te ama e te faz dono de si mesmo; alegra-te, porque o Senhor te liberta da triste escravidão do pecado e te chama à maravilhosa aventura da graça".

O momento de suspense, a perturbação que Maria teve em seu coração diante da inesperada saudação angelical, não foi dúvida ou incredulidade, mas surpresa e assombro, quase como se aquela saudação não devesse ser dirigida a ela, tão insignificante. O anjo então lhe tranquiliza, usando ainda uma palavra que atravessa todo o Antigo Testamento e que, portanto, era plena de significado a seu coração que guardava como tesouro precioso cada Palavra da Lei: "Não tenhas medo, Maria!" (v. 30).

Depois de tê-la tranquilizado, o anjo lhe revela a mensagem que trazia consigo para ela da parte de Deus: "*Conceberás* e darás à luz um filho, e lhe porás o nome de Jesus. Ele será grande; será chamado Filho do Altíssimo, e o Senhor Deus lhe dará o trono de Davi, seu pai. Ele reinará para sempre sobre a descendência de Jacó, e o seu reino não terá fim" (vv. 31-33).

É o Filho da promessa feita a Abraão e renovada de geração em geração. E Maria, ainda mais perturbada, pergunta ao anjo: "*Como* acontecerá isso?". Essa pergunta era um humilde pedido de explicação, porque para Maria havia um impedimento para

que aquelas palavras se cumprissem: a sua opção de virgindade – "se eu não conheço homem".

Em resposta, o anjo lhe assegurou revelando-lhe os "caminhos de Deus", que superam os "nossos caminhos" (cf. Is 55,9): "O Espírito Santo descerá sobre ti, e o poder do Altíssimo te cobrirá com a sua sombra..." (v. 35). Ofereceu-lhe também um "sinal concreto": "Também Isabel, tua parenta, concebeu um filho na sua velhice..." (v. 36), concluindo com uma palavra que foi certamente para Maria – como hoje para todos nós – a rocha sobre a qual se funda a fé e a esperança para sempre: "Nada é impossível para Deus". Maria acreditou e de livre e responsável vontade respondeu: "Eis aqui a serva do Senhor! Faça-se em mim segundo a tua palavra" (v. 38).

Com esse "sim" de Maria começa a nova história da humanidade. Por esse seu incondicional consentimento de amor ao Amor, Deus se faz homem e é acompanhado pelo caminho por cada homem, a quem revela o seu rosto de Pai e chama a uma profunda comunhão de amor mediante o seu Filho.

27

Em uma homilia, o Cardeal Montini – futuro Papa Paulo VI – dizia: "Uma palavra, uma sílaba daquela nossa irmã abençoada, Maria de Nazaré, que assim se tornará nossa Mãe espiritual e nossa Rainha, abriu as portas ao Verbo de Deus no mundo... Aquele *fiat*, enxertou o amor salvífico de Deus no campo humano; a ordem celeste na ordem terrena, a vontade divina na vontade humana; e a Encarnação se realizou, a Redenção começou" (25 de março de 1961). Continuava, depois, exortando-nos: "Escutemos a cândida, inocente voz de Maria que ainda ressoa: 'Faça-se em mim segundo a tua palavra'; e ao ouvir novamente aquela humilde e decisiva mensagem, deixemos que o seu exemplo nos ensine aquilo de que mais temos necessidade: que Deus se encarne na nossa vida".

Em quantas situações concretas da nossa existência somos convidados a dar o nosso consentimento à Palavra que bate ao nosso coração. Infelizmente, por superficialidade, não nos damos conta das consequências de um nosso "sim" ou de um nosso "não", mas são consequências incalculáveis, e

não só para nós pessoalmente, mas para toda a humanidade, até mesmo para toda a criação.

Quando dizemos "sim" ao Senhor, o anjo a nós enviado por Deus pode retornar a ele pleno de alegria. Com essa partida se conclui, de fato, o trecho da anunciação a Maria, assim como com uma partida se conclui o Cântico dos Cânticos, que é por excelência o livro bíblico do amor: "E o anjo retirou-se de junto dela" (v. 38).

E logo reencontramos o anjo junto de José, para levar também a ele – que está meditando no seu coração que decisão tomar em relação à sua noiva – o anúncio que o faz abandonar toda dúvida e restaura-lhe a paz: "No que lhe veio esse pensamento, apareceu-lhe em sonho um anjo do Senhor, que lhe disse: 'José, Filho de Davi, *não tenhas receio* de receber Maria, tua esposa; o que nela foi gerado vem do Espírito Santo. Ela dará à luz um filho, e tu lhe porás o nome de Jesus, pois ele vai salvar o seu povo dos seus pecados'" (Mt 1,20-21).

Deus, que para introduzir o seu Filho no mundo escolhe a humilde Virgem de Nazaré, coloca agora ao lado dela um homem humilde e bom que ouve

atentamente com o coração àquilo que o anjo do Senhor lhe sugere: José, um modesto carpinteiro da estirpe de Davi. Ele graciosamente aceita receber a Virgem Mãe e o Filho, ao qual, com legal autoridade paterna, dará o nome indicado pelo anjo e que exprime a missão de salvação. José é o homem no qual se pode sempre confiar; e Deus confia plenamente nele, chamando-o para a tarefa singular de estar à frente de uma família constituída unicamente sobre a graça da perfeita castidade, sobre o amor totalmente gratuito, sobre um *fiat* que abre as portas à onipotência criadora de Deus. Sim, porque também José, como Maria, crê que nada é impossível para Deus. E essa será para ele a chave de leitura para ler com fé cada sucessivo evento relacionado à vida da família de Nazaré, da viagem a Belém à fuga para o Egito, à angustiante busca de Jesus em Jerusalém e a tudo aquilo que aconteceu depois.

Que pode significar hoje, para nós, o adorante silêncio de Maria, depois do perturbador anúncio do anjo, e o silencioso consentimento de José, pronto a reconhecer legalmente como "seu" aquele filho que vinha apenas de Deus? Estamos diante de um

serviço à Vida que não conhece limites e que traz força e alegria justamente da casta gratuidade do amor. É-nos dado contemplar um grande mistério, de conhecer o segredo da santidade. O silêncio do humilde amor se torna espaço habitado por Emanuel – Deus conosco – que quer nascer no coração de cada ser humano. Acolher e gerar o Verbo no espírito é a prerrogativa, depois de Maria, de toda a Igreja e de cada alma crente. Isso implica tornar-se assíduo ouvinte da Palavra, que se ofereça à Palavra um coração puro, virgem, não contaminado por tantas palavras que se vendem no mercado comum, aquelas palavras gastas, esvaziadas de sentido, frequentemente portadoras de mentira e de morte.

A maternidade de Maria é realmente a nossa vocação permanente; se a vivemos, amadurece dentro de nós a "nova criatura". Por isso é necessário afinar os nossos sentidos interiores para saber ouvir os anúncios que o Senhor sempre nos manda através de seus anjos.

Ó Maria, Virgem de Nazaré,
tu acolheste com alegria
no silêncio da tua morada
o anúncio do anjo enviado do céu
e te tornaste Mãe do Verbo da Vida.
Ensina também a nós o segredo da humilde escuta
dos mensageiros que o Senhor nos manda,
e faz que sempre estejamos prontos
ao "Eis-me aqui" da plena adesão
a cada desejo divino.
Amém.

Anuncio-vos uma grande alegria

Enquanto Maria e José estavam viajando para registrarem-se no censo decretado por César Augusto, no silêncio da noite, em uma gruta dos arredores de Belém – não havendo lugar para eles na hospedaria – Maria "deu à luz o seu filho primogênito, envolveu-o em faixas e deitou-o numa manjedoura" (Lc 2,7). Nasce assim aquele do qual o anjo havia dito: "Será chamado santo, Filho de Deus" (Lc 1,35). Maravilhoso mistério!

A GLÓRIA DO SENHOR OS ENVOLVEU

Aquele que transcende o tempo e o espaço, aquele que não tem nem princípio nem fim, reveste-se de carne mortal, digna-se nascer de uma mulher, para poder morrer a nossa morte e reconciliar-nos com Deus, para nos tornar participantes da sua vida filial na relação com o Pai eterno.

Na Noite Santa, revela-se o mistério do humilde amor de Deus, do qual procede todo amor que seja realmente dom. Mas quem poderá compreender toda a extensão do realismo desse evento? Quem poderá conhecer e narrar o assombro de todo o universo diante do Criador que se faz criatura?

O Evangelho nos diz que os primeiros a receber o anúncio do nascimento do Messias foram os pastores, que *passavam a noite* nos campos, *tomando conta* do rebanho. Em Israel, os pastores eram pessoas pobres e humildes, vivendo à margem da sociedade, pouco consideradas, aliás, frequentemente também aviltadas. Justamente a eles se apresentou um anjo do Senhor e ao surgir "a glória do Senhor os envolveu". Essas pessoas modestas se encontraram como que revestidas de luz. Um grande medo os invadiu: sagrado temor de quem, pequeno e pobre, se sente

participante de um grande, fascinante mistério. Mas justamente o atônito silêncio deles se tornou o espaço privilegiado no qual o anjo pôde depositar o feliz anúncio para o qual havia sito enviado: "Não tenhais medo! Eu vos anuncio uma grande alegria, que será também a de todo o povo: hoje, na cidade de Davi, nasceu para vós o Salvador, que é o Cristo Senhor" (Lc 2,10-11). E depois do anúncio, o anjo deu a eles – como havia dado também a Maria – um "sinal": eles encontrariam um menino envolto em faixas, deitado em uma manjedoura.

Enquanto os pastores, atônitos, estavam para partir rumo à gruta, com crescente assombro viram e ouviram não mais só um, mas uma multidão de anjos que cantavam: "... juntou-se ao anjo uma multidão do exército celeste..." (Lc 2,13). Foi dito que os anjos, quando viram o Filho do homem descer à terra, disseram um ao outro de pleno acordo: "Desçamos também nós!", e se precipitaram voando sobre a terra, para servi-lo e com ele servir aos seres humanos. E eis que o primeiro serviço foi o louvor. O coro angelical, de fato, "louvava a Deus e *cantava*: 'Glória a Deus no mais alto dos céus, e na terra, paz

aos que são do seu agrado'" (Lc 2,14). Os anjos cantam. E desde então, aquele canto, de boca em boca, de geração em geração, nunca mais cessou sobre a terra; antes, enriqueceu-se de sempre novas melodias, de novos sotaques de alegria, também nos mais rígidos invernos – da perseguição e do ateísmo – não deixou de ressoar levando esperança e luz às trevas do mundo. "Voz de felicidade" – comenta São Bernardo – "ressoou sobre nossa terra; voz de exultação e de salvação para os pecadores. Foi ouvida a boa palavra, a palavra de consolação, plena de júbilo, digna de ser ouvida por todos. O que se pode anunciar de mais doce, o que se pode narrar de mais satisfatório? Haverá o mundo já ouvido algo assim, ou mesmo longinquamente similar?" (Bernardo de Claraval, *Discursos sobre o Natal* 1,1).

Não, nunca, desde que o pecado havia afastado o ser humano do paraíso. Agora a terra volta a ser, com o dom da Paz que é o próprio Jesus, reino de Deus, seu lar,

ao qual ele novamente desce para conversar e caminhar com os seres humanos até levá-los de novo para o céu.

Ao ouvir o anúncio angelical, os pastores disseram uns aos outros, quase se apoiando e se incentivando na fé: "Vamos a Belém, para ver o que aconteceu, segundo o Senhor nos comunicou" (Lc 2,15). Vamos nós também! Belém, casa do pão, é a realidade do cotidiano. Belém é cada próximo nosso, é saber ver Jesus no coração de cada irmão; Belém é cada situação de pobreza cumulada de graça divina... Apressemo-nos! Se acorrermos com fé e humildade, certamente encontraremos Jesus que nos sorri e Maria que o traz nos braços. Essa é a grande alegria, a alegria pura do Natal, alegria que agora tem um rosto e um nome: Jesus, nossa salvação.

O Natal é essa simples e extraordinária realidade: é o Filho de Deus, que vem ao mundo como Salvador e inaugura o Reino da vida e do Amor, da justiça e da paz. Mas ele não age sozinho. Ninguém pense não estar entre os "amados" do Senhor e, por isso, por ele chamado a difundir a boa-nova do Evangelho. Os anjos nos sacodem; precisamos, então,

UM AMOR CONCRETO QUE SE FAZ SERVIÇO

acordar do torpor da indiferença e abrirmo-nos para acolher o dom da Vida com fé genuína e com espírito de gratidão; devemos reencontrar um estilo de vida simples, pobre, que deixe espaço à gratuidade do amor, a um amor concreto que se faz serviço. Recebido o anúncio dos anjos, os pastores se tornam por sua vez "anjos" para todos aqueles que se encontram ainda imersos nas trevas.

No seu profundo texto *O mistério do Natal*, Edith Stein – quase prevendo a tragédia iminente do holocausto em Auschwitz – escrevia: "Onde está o júbilo dos anfitriões celestes? Onde está a paz na terra?... À luz, que desceu do céu, se opõe muito mais sombria e inquietante a noite do pecado... Diante do Menino na manjedoura os espíritos se dividem... Ele coloca também a nós diante da decisão de escolher entre a luz e as trevas" (Brescia: Queriniana, 1999, pp. 26-29, *passim*; ed. bras.: Bauru: Edusc, 1999).

A festa do Natal não é folclore, nem a celebração de uma bela história antiga: ela nos diz que *hoje* Jesus nasceu para ser a nossa salvação e a nossa paz. Cabe a nós acolhê-lo ou recusá-lo.

O Verbo Encarnado, que estava com Deus e que agora é o Emanuel, o Deus conosco, nos oferece a possibilidade de passar das trevas à luz, de nos afastarmos da nossa escuridão para retornar àquele que por amor nos criou e do qual, por orgulho, nos afastamos.

O ponto central do Cristianismo está justamente aqui: é a aventura de um Deus que se abaixa, que se faz Pastor para buscar o ser humano, ovelha perdida, para que ele possa reencontrar a Deus, de cuja Face sente ardente nostalgia. É aventura de um Deus que não se importa de percorrer todas as fases da existência humana, do nascimento à morte. Como todos os recém-nascidos, Jesus chora, tem fome, tem frio, tem sono e dorme nos braços da mãe. Também sofre a perseguição e a dificuldade de uma família que foge para o Egito. São os anjos que sugerem em sonho a José de emigrar com Maria e o Menino para as terras do Egito, para fugir do massacre dos inocentes ordenado pelo rei Herodes com o objetivo de livrar-se do Messias, nascido e tido como um rival (cf. Mt 2,13-18); também são eles, com o fim do perigo, que sugerem a José retornar: "Levanta-te, toma o menino e sua mãe, e volta para a terra de Israel" (Mt 2,20).

Enquanto Jesus cresce, começa a caminhar fazendo-se levar pela mão, começa a falar, a aprender a ler, a trabalhar... Podemos imaginá-lo entre os outros meninos de Nazaré, brincando no quintal, nos prados; vê-lo adolescente entre adolescentes na sinagoga escutando a Torá e cantando os salmos. E em todos esses passos do seu caminho sobre a terra, silenciosamente, os anjos, invisíveis, mas presentíssimos, estão a seu serviço que é serviço em vista da obra da redenção, portanto – maravilhoso dizer! – a serviço da frágil criatura humana. São sempre os anjos que o acompanham, que cuidam dele, que o consolam, até o fim, até levá-lo de novo ao reino dos céus, cantando a glória da sua ressurreição.

Ó Deus, Eterno Pai que sempre renova para nós
o evento do Natal do teu amantíssimo Filho,
faz que o nosso coração esteja pronto a ouvir
o anúncio dos anjos, para unir-se a eles no cantar em coro
a grande alegria que tu sempre nos doa porque nos ama,
imensamente, gratuitamente, eternamente.
Amém.

Os anjos do deserto

Do silêncio operoso de Nazaré, onde, no seio da Sagrada Família, o Filho de Deus cresceu "em tamanho, sabedoria e graça diante de Deus e dos homens", o Evangelho nos leva às margens do Jordão. Aqui reencontramos Jesus que, aos trinta anos, se mistura à multidão dos pecadores para receber o batismo de penitência de João Batista. Novo e mais profundo "abaixamento" de Cristo que, depois de ter escondido a própria glória na humildade da carne humana, agora se faz solidário com o ser humano a ponto de assumir o pecado.

TAMBÉM A TENTAÇÃO TEM UMA FINALIDADE BOA

Mas nesse "abaixamento" ocorre uma ulterior *manifestação* da sua divindade: o Espírito Santo desce visivelmente sobre ele em forma de uma pomba e o Pai do Céu faz ouvir a sua voz, indicando-o como seu Filho amado. É a investidura que abre o seu ministério público; isso requer, porém, uma "aprendizagem", um "tempo de deserto".

"Logo depois, o Espírito o fez sair para o deserto" (Mc 1,12). Ali ele permanece por quarenta dias "para ser posto à prova pelo diabo" (Mt 4,1). É muito importante o objetivo pelo qual Jesus é conduzido ao deserto; isso indica que, no sábio plano de Deus, também a tentação tem uma finalidade boa; enfrentada com firmeza, não é um obstáculo que dificulta o caminho, mas uma experiência em que se é fortalecido pela graça. A ligação entre batismo e tentação é estreitíssima: a vida cristã é vida de tentação e de combate para vencer o espírito do mal com a força proporcionada por Deus, que se consolida na fé.

Antes de iniciar a pregação do Evangelho e o anúncio do Reino, portanto, Jesus enfrenta de peito aberto o tentador no lugar que é por antonomásia a sua "pátria" – o deserto – mas que é também o lugar

privilegiado para entrar em diálogo com Deus (cf. Os 2,16ss). Ainda antes que um lugar físico, o deserto é uma dimensão do espírito; é uma realidade que fascina e ao mesmo tempo desanima; apresenta-se como uma absoluta nudez e essencialidade que não deixa saída e, no entanto, o grito da oração sobe do deserto ao céu mais vivo e penetrante. É essa a ambivalência do deserto. O modo como alguém nele entra e o vive, se transforma não apenas para ele, mas também para muitos juntos dele, lugar de morte ou de vida, sendo a vida cristã solidária com todos os irmãos e com todas as criaturas.

Na solidão do deserto, nem mesmo Jesus estava completamente só: "Ele convivia com as feras, e os anjos o serviam" (Mc 1,13), tinha toda a humanidade no coração e estava em comunhão com toda a criação; era, sobretudo, ajudado pelo Pai que se manifestava na silenciosa e invisível, mas real, presença dos anjos que lhe prestavam o precioso serviço da oração, naqueles longos quarenta dias em que o diabo, sem descanso e com sempre novas armadilhas, tentava distanciá-lo da sua missão.

UM ITINERÁRIO QUE SE PODERIA DIZER CATECUMENAL

A história sagrada de Israel é fortemente marcada pela experiência do deserto, a partir da caminhada de quarenta anos de êxodo, quando os israelitas foram libertados da escravidão do Egito – outra forma de *deserto* – e conduzidos à terra prometida, novo *éden* onde correm leite e mel (cf. Ex 3,8). Durante esses quarenta anos de caminhada no deserto, Israel, colocado à prova na fé, repetidamente demonstrou-se infiel, até mesmo chorando as riquezas (as cebolas!) deixadas no Egito. Murmuração, rebeliões e mesmo apostasia foram as desconcertantes reações dos israelitas submetidos à prova purificadora do deserto... E, no entanto, a escolha de Deus, sábia e sem arrependimento, por fim se mostrou necessária e realmente providencial.

Entrando no deserto conduzido pelo Espírito, com ânimo filial, Jesus cumpre fielmente, como novo Israel, o caminho no qual o antigo Israel havia repetidamente cedido às tentações. No deserto, portanto, ele empreende um itinerário que se poderia dizer catecumenal, para receber, depois do batismo de penitência, também o batismo de sangue, a imersão na dor da cruz. Diferentemente do povo eleito,

ele "se mantém firme" no combate contra o diabo que o agredia de várias maneiras.

Venceu a tentação da fome preferindo o pão da Palavra de Deus ao alimento material; venceu a tentação do poder confiando-se humildemente ao Pai; venceu a tentação da idolatria recusando adorar Satanás. A certo ponto, na sua perfídia, o diabo chegou até a convocar os anjos: levando Jesus ao ponto mais alto do templo, disse-lhe: "Se és Filho de Deus, joga-te daqui abaixo! Pois está escrito: 'Ele dará ordens a seus anjos a teu respeito, e eles te carregarão nas mãos, para que não tropeces em alguma pedra'" (Mt 4,5). Mas Jesus, com o justo apoio dos anjos, desmascarou abertamente o adversário: "Não porás à prova o Senhor teu Deus" (Mt 4,6).

Todos os seus "não" às tentações eram um "sim" à vontade do Pai. Por esses "sim" o deserto pôde florir na graça; o tentador foi expulso e o canto de louvor continuou ressoando no grande silêncio.

O verdadeiro sentido do deserto – não apenas o exterior, mas também o interior – é justamente aquele que foi dado por Jesus Cristo. Não é um egoístico e individualista separar-se dos seres humanos, mas

VELAR OS IRMÃOS QUE CAMINHAVAM
PELAS ESTRADAS DO MUNDO

um encarregar-se deles para fazê-los passar da morte à vida. Uma viagem de fé e de obediência para constituir um povo crente no único e verdadeiro Deus, uma humanidade fraterna, reconciliada com o próximo e em harmonia com a criação.

Desde o início do Cristianismo, no seio da Igreja verificou-se o fenômeno carismático do radicalismo cristão, que é a vida monástica. Típica é a vocação de Santo Antão que, obedecendo prontamente a uma palavra do Evangelho, deixou tudo e se retirou ao deserto, caminhando sempre até chegar a um monte altíssimo de cujas encostas escorria água doce e fresquíssima, criando um pequeno oásis de palmeiras. Como que inspirado por Deus, amou aquele lugar e o considerou porta do céu e posto de sentinela para velar os irmãos que caminhavam pelas estradas traiçoeiras do mundo.

O deserto foi para ele – como para todo monge – lugar de purificação, onde en-

50

POR FIM, O DIABO O DEIXOU

frentou a dura luta das tentações. Como Jesus, Antão também foi assistido pelos anjos. Muito significativa a sentença que nos retrata o grande padre do deserto em um momento de agudo sofrimento, por ser atacado pelo demônio da preguiça. De fato, narra-se: "Um dia, Santo Antão, enquanto residia no deserto, foi tomado de desencorajamento e de grandes trevas no pensamento. E dizia a Deus: 'Senhor, quero ser salvo, mas os pensamentos me impedem. Que poderei fazer na minha aflição? Como posso ser salvo?'. Inclinando-se um pouco, Antão viu um outro como ele, que estava sentado e trabalhava, depois se levantava do trabalho e orava, depois novamente se sentava e entrelaçava a corda, e novamente se levantava para orar. Era um anjo do Senhor enviado para corrigir Antão [que se dedicava apenas à oração unida a uma ascese muito severa] e tranquilizá-lo. E ouviu o anjo que dizia: 'Faz assim e serás salvo'. Ao ouvir estas palavras, foi tomado de grande alegria e coragem. Assim fez e se salvou" (*Antonio 1*, Syst. VII,1).

Também a narrativa das tentações de Jesus no deserto termina, na versão do evangelista Mateus, com estas palavras: "Por fim, o diabo o deixou" – por-

que haviam terminado todas as tentações, especifica Lucas (cf. Lc 4,13) – "e os anjos se aproximaram para servi-lo" (Mt 4,11), ou seja, para prestar o serviço de louvor, de render graças e adoração que sempre é devido àquele que é o Senhor do céu e da terra, mas que, por amor, se faz pequeno e pobre, se submete à prova, se humilha para resgatar da escravidão do mal e da morte a criatura humana enganada pelo diabo.

Poderíamos dizer também que Jesus foi ao deserto procurar naquela desoladora solidão a ovelha perdida... E do deserto saiu levando-a sobre os ombros. Assim se tornou realidade então a bela imagem da antiga Lei: "Em terra deserta o encontrou, na vastidão ululante do deserto. Cercou-o de cuidados e o ensinou, guardou-o como a menina dos olhos. Qual águia que desperta a ninhada, esvoaçando sobre os filhotes, também ele estendeu as asas e o apanhou e sobre suas penas o carregou" (Dt 32,10-11).

A imagem das asas de Deus – os seus anjos – está entre as mais belas e delicadas de todas as imagens bíblicas. A experiência áspera e amedrontadora da solidão se transforma, então, na experiência da mais delicada e tranquilizadora ternura de Deus que

se faz próximo de nós mediante os seus mensageiros celestes e o seu próprio Filho. O deserto se faz, portanto, amigo: de campo de batalha se transforma, graças à vitória relatada por Cristo, em templo da glória de Deus.

Desde a Antiguidade até hoje, a Igreja assinala como modelo para todos os cristãos a espiritualidade do deserto como forma radical de vida santa. Ela requer um afastamento total seguido de sofrimento, tentações, tribulações de todo gênero, mas o fruto corresponde a tão alto custo, porque justamente atravessando todas as provas do deserto se adquire a verdadeira liberdade, se adquire a verdadeira sabedoria, a pureza de coração; descobre-se a beleza do silêncio, da paz, da oração, da contemplação. Sobretudo se cresce no humilde e santo amor. Então o canto angelical da noite santa se torna vida cotidiana, no louvor divino e na vida fraterna; em uma palavra, se pregusta uma antecipação do paraíso.

Essa experiência não é exclusiva de poucos privilegiados: é possível também a quem vive no mundo, em condições de vida geralmente muito duras, a ponto de ter o semblante da solidão e da angústia.

Mesmo em plena cidade – nas frenéticas metrópoles do nosso tempo – pode-se viver a dimensão espiritual do deserto e, fortalecidos pela caridade e pela oração dos monges, solidários com todos os irmãos, encontrar no coração o verdadeiro jardim paradisíaco, onde a oração é imersão no mistério de Deus--comunhão de amor e onde o silêncio é altíssimo e dulcíssimo louvor. Então se sente que lá onde o inimigo se faz presente para perturbar, legiões de anjos se fazem presentes para defender e consolar.

Senhor Jesus,
que conduzido pelo Espírito entrou no deserto
para ser tentado e ser assim em tudo solidário a nós,
sempre assediados pelo subserviente tentador,
socorre-nos com a força do teu Santo Espírito
e envia-nos legiões de anjos, a fim de que
de todo combate espiritual saiamos livres e vitoriosos.
A ti louvor e bênçãos nos séculos dos séculos.
Amém.

Os anjos da guarda

Com o início do seu ministério, a presença dos anjos na vida de Jesus, tão viva nos eventos da infância, se faz silenciosa; eles se tornarão sensivelmente presentes na ora conclusiva: na agonia do Getsêmani e depois na gloriosa ressurreição e ascensão ao céu.

Todavia, os anjos não são ausentes nas páginas evangélicas, porque Jesus fala deles frequentemente, dando a entender que os sente próximos e tem em grande conta o serviço deles. Através de suas palavras, quase nos oferece um retrato desses seres invisíveis, submissos a ele e solícitos ao bem do ser humano.

VEREIS O CÉU ABERTO E OS ANJOS DE DEUS SUBINDO E DESCENDO

Logo no início da vida pública, quando começa a chamar a si os primeiros discípulos, Jesus tem um diálogo animado com Natanael, um israelita sincero em busca da verdade (cf. Jo 1,47). Este, sentindo-se conhecido no íntimo pelo novo "Mestre", surgido nas estradas da Palestina, passa do inicial ceticismo à entusiástica profissão de fé: "Rabi, tu és o Filho de Deus, tu és o Rei de Israel!" (Jo 1,49). Em resposta, Jesus, por sua vez surpreso com a imediata "rendição" de seu interlocutor, declara-lhe solenemente que verá "coisas maiores": "Em verdade, em verdade, vos digo: *vereis o céu aberto e os anjos de Deus subindo e descendo sobre o Filho do Homem*" (Jo 1,51). Para um israelita como Natanael, que conhecia as Escrituras, era claríssima a referência ao sonho de Jacó, quando o Senhor lhe aparece e estabelece aliança com ele: "Em sonho, viu uma escada apoiada no chão e com a outra ponta tocando o céu. Por ela subiam e desciam os anjos de Deus. No alto da escada estava o Senhor, que lhe dizia: 'Eu sou o Senhor, Deus de teu pai Abraão, o Deus de Isaac. A ti e à tua descendência darei a terra em que estás dormindo. Tua descendência será como a poeira da terra...'. Ao despertar, Jacó disse: 'Sem dúvida o Senhor está neste lugar, e eu não sabia'. Cheio de pavor, acrescentou: 'Como é terrível este lugar! Isto aqui só pode ser a casa de Deus e a porta do céu'" (Gn 28,12-14.16-17).

Com a referência ao sonho de Jacó, Jesus revela o sentido de sua missão na terra: reabrir ao ser humano o caminho do céu, oferecer ao ser humano uma nova aliança com Deus, portanto um novo horizonte de esperança nesta terra de dor. É preciso aprender a ver – dizia Bento XVI, comentando este excerto evangélico – em cada evento da nossa vida e da história uma escada bem apoiada no chão, mas que sobe até o céu. E saber também, no céu aberto, contemplar o Filho do Homem, o Senhor Jesus Cristo crucificado e ressuscitado da morte. Se não nos agarramos a essa escada, a nossa existência toma o rumo de "muitos que, julgando-se deuses, pensam que *não têm necessidade de outras raízes nem de outros alicerces para além de si mesmos.* Desejariam decidir, por si sós, o que é verdade ou não, o que é bom ou mau, justo ou injusto; decidir quem é digno de

viver ou pode ser sacrificado nas aras de outras preferências... Estas tentações estão sempre à espreita. É importante não sucumbir a elas, porque na realidade *conduzem a algo tão fútil como uma existência sem horizontes, uma liberdade sem Deus* (Bento XVI, Jornada da Juventude, Festa de acolhimento dos jovens, Madri, 18 de agosto de 2011).

Essa escada percorrida para baixo e para cima pelos anjos, ou seja, de Deus ao ser humano e do ser humano a Deus, tornou-se símbolo, na vida cristã, do necessário caminho de humildade e de elevação que o ser humano deve atravessar na peregrinação terrena para retornar a Deus. São Bento, na sua Regra, propondo a escada da humildade e fundamento da vida monástica, reevoca a dura luta ocorrida no céu entre os anjos orgulhosos que haviam reivindicado a própria independência do Criador e os anjos humildes que permaneceram submissos a Deus e a seu serviço. Nessa perspectiva, eis o convite a subir a escada descendo com humildade, para alcançar o cume do amor.

ANJOS NOS AFASTAM DOS CAMINHOS ERRADOS
E NOS ORIENTAM PARA DEUS

Através dessa escada, os anjos – como dizia em homilia Bento XVI – "trazem Deus aos homens, abrem o céu e assim abrem a terra. Exatamente porque estão junto de Deus, podem estar também muito próximos do homem. De fato, Deus é mais íntimo a cada um de nós de quanto o somos nós próprios. Os anjos falam ao homem do que constitui o seu verdadeiro ser, do que na sua vida com muita frequência está velado e sepultado. Eles chamam-no a reentrar em si mesmo, tocando-o da parte de Deus". E concluía: "Neste sentido também nós, seres humanos, deveríamos tornar--nos sempre de novo anjos uns para os outros – anjos que nos afastam dos caminhos errados e nos orientam sempre de novo para Deus" (29 de setembro de 2007).

A tradição patrística insistiu particularmente na missão do anjo no que diz respeito à vida espiritual do cristão; portanto apresentou-o, sobretudo, como motivador de boas inspirações, defensor contra as tentações e as armadilhas diabólicas, admoestador da consciência culpada para induzi-la à penitência e à reconciliação com Deus e com os irmãos. Nesse

sentido, atribui-lhe frequentemente também o título de "anjo da penitência" e de "anjo da paz".

Que os anjos da guarda e todos os anjos têm no coração a salvação e a felicidade dos homens, colaboram com ela e se alegram quando ela se realiza, o próprio Jesus o diz nas parábolas da misericórdia, descrevendo a alegria da mulher que, ao encontrar sua moeda perdida, chama todas as suas amigas e as vizinhas para festejar com ela: "Assim, eu vos digo, haverá alegria entre os anjos de Deus por um só pecador que se converte" (Lc 15,10). É surpreendente pensar que cada um é aquele pecador que pode, com a própria conversão, acrescentar uma nota de alegria à festa do paraíso!

E é exatamente em um contexto de "conversão" que Jesus volta a falar dos anjos em meio a um "discurso eclesial" do Evangelho segundo Mateus. Os discípulos se aproximam do Mestre para perguntar-lhe quem é o maior no reino dos céus. Então Jesus, tomando uma criança, a coloca no centro e a aponta como modelo para quem quer entrar no reino dos céus. Então pronuncia alguns severíssimos avisos contra quem, com uma depravada conduta de vida,

escandaliza os pequenos: "Cuidado! Não desprezeis um só destes pequenos! Eu vos digo que *os seus anjos, no céu, contemplam sem cessar a face do meu Pai que está nos céus*" (Mt 18,10).

No desenvolvimento da sua tarefa junto aos seres humanos, os anjos, portanto, não se distraem da contemplação de Deus. Ao contrário, o rosto deles está sempre voltado para o Pai (cf. Mt 18,10). Essa atitude deles constitui para os seres humanos uma força de atração para a realidade celeste, um estímulo à oração e à adoração. O anjo da "guarda" é, portanto, de modo especial considerado o "anjo da oração", aquele que guia a alma no diálogo com Deus, que reza com ela, que leva as suas súplicas à presença de Deus. Ele constitui para o cristão, além de uma proteção e um guia, também um modelo a imitar. A santidade dos seres humanos, de fato, tende a conformar-se à angelical pelo fato de que os anjos são, por sua vez, um reflexo puríssimo da beleza e santidade de Deus. Serafim de Sarov – o grande místico daquela que foi a santa Rússia – dizia: "O silêncio aproxima o homem de Deus e o torna sobre a terra similar aos anjos. Sê

vigilante e perseverante no silêncio, procura com todas as tuas forças a união com o Senhor; então o Senhor fará de ti, que és um homem, um anjo sobre a terra" (*Vita e insegnamenti degli staretz della santa Russia*, Milano: Gribaudi, 1984, p. 152).

Tal semelhança será tanto maior e evidente quanto mais formos transfigurados à imagem de Cristo ressuscitado: "Na ressurreição", disse ainda Jesus, "não haverá homens e mulheres casando-se, mas serão como anjos no céu" (Mt 22,30). Não se trata, obviamente, de uma mudança de natureza, mas de uma pureza e espiritualização que se estenderão também ao corpo.

A semelhança do cristão com o anjo, que não pode realizar-se no plano da natureza, pode acontecer no que se refere ao serviço e à virtude. Como os anjos, os cristãos são chamados a oferecer a Deus um culto análogo ao deles – em espírito e verdade – e assim, puros, podem fazer-se instrumentos da benevolência de Deus em favor de seus semelhantes, oferecendo reciprocamente, com alegria, aqueles serviços "angelicais" que são os gestos de caridade,

as manifestações de respeito, a busca da paz e cada atenção amorosa correspondente às várias necessidades e circunstâncias.

Todas as funções do anjo podem resumir-se naquela essencial missão, para a qual Cristo deu a João Batista o belo título de "anjo" (cf. Mt 11,10). É a missão de "precursor", que consiste em indicar às almas o caminho do encontro com Cristo-Esposo, sugerindo tudo aquilo que lhe é agradável e o honra. É ainda Jesus a dizer-nos que os anjos o acompanharão na sua vinda gloriosa; aliás, que serão justamente eles a anunciá-lo com toques de trombeta e, ressuscitando os mortos, reunirão os povos em assembleia plenária para o juízo universal, do qual serão, ao aceno de Cristo, os executores (cf. Mt 24,31). Se estivermos atentos às sugestões dos anjos da guarda, nos tornaremos também cada vez mais conscientes de sermos cidadãos do céu, peregrinos e estrangeiros sobre a terra, caminhando rumo à pátria celeste.

Ó Deus, bom Pai,
tu confiaste todos os teus filhos
ao atencioso cuidado dos anjos
que colocaste a serviço de Cristo, teu Filho,
como colaboradores da obra da salvação.
Pedimos-te, torna-nos dóceis à condução deles,
acolhendo com gratidão e alegria
a amável companhia deles.
E faz que também nós,
animados de amor fraterno,
saibamos imitá-los na bondade,
cuidando uns dos outros.
Amém.

O anjo consolador

Todos os quatro evangelistas concordam ao afirmar que depois da última ceia, como costumava fazer, Jesus foi para além do Cedron, ao Horto das Oliveiras, para rezar.

Jesus saiu "de noite", símbolo do escurecimento da verdade, do poder do príncipe das trevas, da morte. Aquele que é a Vida e a Luz entrou, portanto, na escuridão para enfrentar a luta suprema contra o maligno. Noite de solidão, noite de agonia, na qual o mistério da iniquidade atingiu o mais alto grau. Era a hora, prenunciada pelo próprio Jesus, do príncipe das trevas...

Quantas dessas noites ocorrem ainda hoje no mundo? Nelas são concebidos e consumados os mais atrozes delitos, as mais ignóbeis violências contra o ser humano e contra Deus. Jesus adentrou-a para superá-la e para inaugurar o novo dia de Deus na história da humanidade.

Ele partiu na escuridão para rezar, como Filho, a seu amado Pai. Mas, diversamente do usual, quer ter perto de si três discípulos: Pedro, Tiago e João, os mesmos que havia chamado consigo também ao monte da Transfiguração. Aproximando-se a sua "hora", Jesus sentiu necessidade do apoio deles, do conforto deles, porque sentia em sua alma uma "tristeza mortal". Caminhou com eles cantando os salmos do *Hallel* pascal, mas a certo ponto disse-lhes: "Sentai-vos *aqui*, enquanto eu vou orar *ali*... *Ficai* aqui e *vigiai* comigo" (Mt 26,36-38).

Naquele momento, Jesus passou por uma fronteira que os apóstolos não podiam atravessar. Agora estava sozinho. David Maria Turoldo, dando voz a todas as solidões do coração humano, cantou com acentos fortíssimos a dor daquela noite de agonia:

"Também você agora se aventurando na Noite, sozinho, os seus ausentes ou distantes, os olhos caídos de sono; sozinho carregando o mundo inteiro no coração; sozinho, sob o arco escuro do céu, um céu ainda mais ausente e surdo e distante; e a Noite escura, cada vez mais escura...; também você, sozinho: solitário homem, perfeitamente homem, plenitude de humanidade... Até as olivas choravam naquela Noite, e as pedras eram mais pálidas e imóveis, o ar sacudia os ramos naquela Noite".

Naquela solidão, afastando-se quase a distância do tiro de uma pedra, Jesus cai de rosto no chão e reza, dizendo: "Meu pai, se possível, que este cálice passe de mim. Contudo, não seja feito como eu quero, mas como tu queres!" (Mt 26,39).

Depois se levantou, voltou para junto dos discípulos e os encontrou adormecidos, porque estavam muito tristes, incapazes de *vigiar* com ele. E, no entanto, ele os havia conduzido até lá justamente para aquilo, quase como seus especiais anjos consoladores. Na extrema fraqueza deles, porém, a seu modo os três participam da agonia do Mestre. A própria incapacidade deles de ficarem acordados perto de Jesus, con-

COMO UM MENINO QUE IMPLORA
CONFIANDO EM SEU PAPAI

fortando-o na sua angústia, tirando-o da sua solidão, foi a extrema humilhação deles, a participação deles na paixão de Cristo.

Afastando-se de novo deles, Jesus repete ainda, uma segunda e uma terceira vez, a sua oração implorando: "Pai, se quiseres, afasta de mim este cálice; contudo, não seja feita a minha vontade, mas a tua" (Lc 22,42).

É longa essa noite de angústia sobre o monte das Oliveiras! Noite de lágrimas e suor de sangue. Jesus poderia ainda dizer *não* à Paixão... É a grande tentação que tem à sua frente. Satanás, que se havia afastado no deserto para retornar no momento oportuno, está ali para lançar o último ataque. Jesus sabe e não tem outra arma para defender-se além da oração, a invocação do Pai a quem ele ama, "Abbá", como um menino que implora confiando em seu papai. E o Pai ternamente responde.

"Apareceu-lhe um anjo do céu, que o fortalecia" (Lc 22,43). Na hora da provação, o Pai – que embora não atenda ao pedido

do Filho de ser preservado do cálice amargo – não o deixa só, como já não havia abandonado o profeta Elias no momento da sua angústia mortal, mas lhe havia enviado o seu anjo para encorajá-lo e fazê-lo retomar o caminho (1Rs 19,1-8). Deus não abandona nunca o ser humano, que na tentação grita a ele e a ele se confia.

A presença silenciosa do anjo infunde em Jesus um conforto tão grande que o faz enfrentar vitoriosamente tão árdua luta, a ponto de suar sangue.

No sofrimento de Jesus no Getsêmani pode-se também ver uma relação com a "terra cheia de espinhos e ervas daninhas" em que se encontram Adão e Eva depois da queda e da expulsão do Éden. No Horto das Oliveiras, Jesus assume e experimenta em seu corpo e no seu espírito a angústia e a repulsa que o ser humano sente ao confrontar a morte, fruto do pecado. Repetindo por três vezes a sua oração de abandono à vontade do Pai, sela definitivamente o *sim* do amor para cumprir a missão para a qual veio ao mundo. Dá a impressão de que no Getsêmani ele tenha sentido medo de não conseguir dizer o seu *sim* definitivo e por isso tenha pedido aos discípulos que *vigiassem com ele*.

Podemos também nós ouvir esse convite tantas vezes feito por nossos irmãos que se encontram angustiados, sofrendo, por todo tipo de provação.

Depois de ter pronunciado o sim definitivo, Jesus retoma o vigor. Ele se levanta e vai tirar da prostração também os discípulos, para enfrentar de peito aberto a multidão que já avança para prendê-lo: "Chegou a hora! O Filho do Homem está sendo entregue às mãos dos pecadores. Levantai-vos, vamos! Aquele que vai me entregar está chegando" (Mt 26,45-46).

Os eventos se precipitam. Chega Judas que com um beijo trai o Mestre; com ele há muitas pessoas armadas que o cercam e o prendem. Naquele momento, um dos discípulos empunha por sua vez a espada para defendê-lo, golpeia o servo do sumo sacerdote, cortando-lhe uma orelha. Mas Jesus intervém: "Guarda a espada na bainha! Pois todos os que usam a espada, pela espada morrerão". E acrescenta: "Ou pensas que eu não poderia recorrer ao meu Pai, que *me mandaria logo mais de doze legiões de anjos?* Mas como se cumpririam então as Escrituras, que dizem que isso deve acontecer? (Mt 26,52-54). E deixando-se capturar, toma decididamente o seu caminho,

DENTRO DA NOSSA DESOLAÇÃO PULSA,
PODEROSA, A ESPERANÇA DA VIDA

até o Calvário; entrega-se sem nenhuma resistência à morte, porque já havia aceitado encarregar-se de nós, morrer por nós, morrer a nossa morte e passar à sua vida. Quando nos encontrarmos passando por experiências análogas àquela do Getsêmani, devemos procurar nos lembrar que estamos com Jesus, aliás, que Jesus vive em nós a sua angústia redentora e que, portanto, dentro da nossa desolação pulsa, poderosa, a esperança da vida.

Jesus não pede a ajuda dos anjos para ser libertado da morte, mas os anjos o acompanham invisivelmente na sua subida ao Calvário, *ficando*, como Maria, junto dele. Ainda que o Evangelho não fale explicitamente da presença deles, artistas de todos os tempos, com aguda intuição, representaram os anjos na cena da Crucifixão, assim como no momento da deposição e do sepultamento. Temos um admirável exemplo deles nos afrescos de Giotto na Capela dos Scrovegni [também conhecida como Capela Arena, em Pádua]: Jesus pregado à cruz é cercado por uma multidão de anjos que, como na noite de Natal, parece ter se precipitado do céu, para entoar um pungente canto: "Dor no mais alto dos céus e dor na terra... Silêncio no mais alto dos céus e silêncio na terra...". Três deles têm nas mãos um cálice, para recolher o sangue que escorre das mãos pregadas e do coração traspassado. É a oferta que levarão ao Pai.

Senhor Jesus, um sono de tristeza
fazia pesar os olhos dos teus discípulos enquanto tu,
no Horto das Oliveiras,
agonizava orando: "Pai, se quiseres...!".
Tu gritaste todas as nossas angústias,
mas te rendeste ao Pai como um menino
que acredita no amor,
mesmo quando não compreende.
Faz que não te deixemos sozinho
dizendo o extremo "sim".
Faz que nenhum ser humano seja deixado sozinho
na hora da tentação e da provação;
faz de nós uns para os outros anjos
de apoio e de consolação.
Amém.

Os anjos da ressurreição

Jerusalém estava ainda imersa nas trevas quando as piedosas mulheres, que por toda a noite haviam esperado com impaciência os primeiros raios do amanhecer, saíram de casa para irem rapidamente ao sepulcro. Elas iam onde estava guardado, em um túmulo fechado, o amado Mestre, o tesouro delas, única esperança de suas vidas. Iam com o coração apertado de angústia, para cumprir um ato de humana piedade e, enquanto estavam a caminho, diziam entre si, com certa preocupação, quem teria rolado a grande pedra que fechava a entrada do túmulo.

"De repente, houve um grande terremoto: o anjo do Senhor desceu do céu e, aproximando-se, removeu a pedra e sentou-se nela" (Mt 28,2). Que poder sobre a morte! Ainda que apenas com a sua presença de luz é possível intuir, pressagiar que algo de inédito aconteceu. Como na noite do nascimento de Jesus, também na noite da ressurreição um anjo desce do céu e ocorre uma convulsão da natureza, da qual ninguém, senão o próprio anjo – ou os anjos, segundo as diversas narrativas evangélicas – é testemunha: nem os guardas que os judeus haviam mandado vigiar a sepultura, porque caíram como mortos, nem as piedosas mulheres, porque ainda estavam longe. O evento da ressurreição enquanto tal permanece um mistério, é o "segredo de Deus". Eis, então, a fundamental importância da presença do anjo junto ao sepulcro vazio. O seu anúncio da ressurreição é a rocha firme sobre a qual se fundamenta a fé dos crentes, como na noite de Natal foi o anúncio angelical o fundamento da fé dos pastores.

É o anjo em cândidas vestes e todo feito de luz, como um relâmpago, que tem a missão de anunciar explicitamente a feliz notícia da ressurreição às mulheres, as quais, tremendo de medo por aquilo que

haviam ouvido, ficam ainda mais inquietas diante da pedra removida e do túmulo vazio. É ainda o anjo que inicia o diálogo e, com extrema delicadeza, ilumina a mente delas, para que compreendam o verdadeiro sentido daquilo que veem e se recordem do que Jesus havia anunciado: "Vós não precisais ter medo!", diz. "Sei que procurais Jesus, que foi crucificado. Ele não está aqui! Ressuscitou, como havia dito!" (Mt 28,5-6). Depois, vendo a surpresa das mulheres diante de tal anúncio, o anjo as convida a constatar com os próprios olhos: "Vinde ver o lugar em que ele estava" (v. 7). O sepulcro está vazio; mas onde está Jesus? Onde procurá-lo agora? Com a sua ressurreição, ele superou todos os limites do espaço. Se se quer procurá-lo, não se pode mais fazer como antes; é preciso procurá-lo "em outro lugar", em outra dimensão. Aquele "vazio" visto no sepulcro não é sinal de uma ausência, mas de uma presença diferente. Assim como o "vazio" que tantas vezes sentimos no coração não é sinal de que a nossa vida parece sem sentido, mas que o seu significado deve ser buscado mais profundamente; buscado não entre as coisas destinadas a terminar, não na carne, mas no espírito, não na angústia do próprio "eu", mas em Al-

HÁ UM CAMINHO A PERCORRER
PARA ENCONTRAR O RESSUSCITADO

guém: no Ressuscitado. Não pode bastar ao ser humano viver para qualquer coisa, mesmo que fosse um nobilíssimo ideal. Somente no encontro com aquele que é o Vivente se torna realmente vivo, como com alegria incontível cantava Santo Agostinho: "Ó Vida pela qual vivem todas as coisas; Vida vivente que me doa a vida, Vida que é a minha vida... Vida pela qual ressuscitei, sem a qual estou perdido; Vida pela qual aprecio viver, sem a qual vivo atormentado; Vida vital, doce e amável, Vida inesquecível. Ó Vida vivente!" (Solilóquios da alma com Deus, I).

Por isso, o anjo imediatamente acrescenta: "*Ide depressa* contar aos discípulos: 'Ele ressuscitou dos mortos e vai à vossa frente para a Galileia. Lá o vereis'" (Mt 28,7). Lá, ou seja, naquele lugar geográfico bem determinado, que – particularmente não negligenciável – é também o lugar do chamado dos primeiros discípulos, quase como que dizendo que ali Jesus quer voltar às origens das vocações deles, para confirmar o chamado e iniciá-los na missão. Há um caminho a percorrer para encontrar o Ressuscitado, para entrar em comunhão com ele e anunciá-lo aos irmãos.

Concluindo o seu diálogo com as mulheres, o anjo diz: "É o que tenho a vos dizer" (Mt 28,7). E es-

tas palavras têm o valor de um Amém, ou seja, são – diz São Jerônimo – como "uma assinatura", como um "trovão do céu".

O objetivo da presença dos anjos nas narrativas da ressurreição é, portanto, o de "confirmar na fé", dar fundamentação divina à nossa fé na ressurreição de Cristo: ela não é um "rumor dos homens", destinada a desaparecer assim que as situações se tornam adversas; é um fato realmente acontecido, ainda que não haja provas "históricas" como normalmente se pretende.

Os anjos aparecidos na "primeira manhã depois do sábado" realizam também outra importante missão, são – como no Getsêmani para Jesus – anjos consoladores. É o que se percebe muito bem, sobretudo no episódio de Maria Madalena narrado no Evangelho segundo João. Enquanto Pedro e João, depois de entrarem no sepulcro vazio, depois de terem visto os "sinais" das faixas e do sudário, voltaram para a casa deles, "Maria tinha ficado perto do túmulo, do lado de fora, chorando". Em prantos, inclinou-se para o sepulcro e eis que "enxergou dois anjos, vestidos de branco, sentados onde tinha sido posto o corpo de Jesus, um à cabeceira e outro aos

pés". Os olhos molhados de lágrimas costumam enxergar melhor porque têm uma pureza que só o sofrimento lhes confere.

"Os anjos perguntaram: 'Mulher, por que choras?'". Oferecem a ela uma palavra que é expressão de "com-paixão" e de compartilhamento, uma palavra que permite a Maria de Madalena abrir seu coração à esperança. Os divinos mensageiros a amparam na sua dor, ajudam-na a fazer calar o tumulto interior que a agita, até estar pronta para ouvir a "palavra" que a faz renascer na fé: "Maria!", "Rabúni!" (cf. Jo 11-16).

No afresco da ressurreição de Jesus Cristo de Fra Angelico, no Museu de São Marcos de Firenze, há um detalhe que não se deve deixar de notar: enquanto as mulheres com o rosto triste olham para baixo, para dentro do sepulcro e parecem dizer: "Vazio, vazio, vazio...", diante delas o anjo em brancas vestes tem o dedo apontado para o alto, para o Ressuscitado em um círculo de luz. É preciso olhar *lá* onde o anjo indica e fazer o que ele sugere, ainda que possa parecer estranho e absurdo.

Assim acontece no momento da ascensão de Jesus ao céu. Depois de quarenta dias da sua res-

surreição, Jesus se despede dos apóstolos antes de subir ao Pai. "Jesus levou-os para fora da cidade, até perto de Betânia. Ali ergueu as mãos e abençoou-os. E, enquanto os abençoava, afastou-se deles e foi elevado ao céu" (Lc 24,50-51). Entre a surpresa e a comoção dos discípulos, foi elevado ao céu e novamente subtraído do olhar deles. Que tormento para eles, que não mais veriam aqui embaixo a face do amado Mestre! Como poderia não descer um véu de saudade sobre o rosto deles? Como podiam não sentir o impulso de continuar olhando para o alto, quase para deixarem-se atrair à mesma ascensão? E ao invés, os anjos, que exaltando circundam Jesus e o acompanham na sua ascensão, voltando-se aos apóstolos, dizem-lhes: "Homens da Galileia, por que ficais aqui, parados, olhando para o céu? Esse Jesus que, do meio de vós, foi elevado ao céu, *virá assim*, do mesmo modo como o vistes partir para o céu" (At 1,11). Certamente eles não querem dizer aos apóstolos que fechem o horizonte da esperança, mas os exortam a empreender com impetuosidade a evangelização, levando o Evangelho até os confins da terra e sempre mantendo o coração *lá* onde está o tesouro.

Senhor Jesus, morto e ressuscitado por nós,
vem iluminar com tua luz a nossa manhã.
Como às primeiras mulheres, manda-nos o anjo,
faz-nos ouvir a tua voz de Ressuscitado,
fonte de água fresca.
A tua saudação nos faça estremecer de alegria
afugentando as nossas dúvidas
e os nossos obscuros medos.
Vem, Jesus, e como fizeste com Maria Madalena,
chama-nos pelo nome, com aquele nome secreto
de cada um que só tu conheces,
tu que examinas o íntimo dos corações.
Repletos de tua alegre luz,
iremos anunciar-te a todo o mundo
– também nós como anjos da ressurreição –
para que o odor de morte
submeta-se ao perfume de vida,
ao perfume da tua carne ressuscitada,
primícias da nossa ressurreição.
Amém!

Referências iconográficas

Capa: Giotto (Giotto di Bondone 1266-1336). *O sonho de Joaquim*, detalhe. Padua: Cappella Scrovegni.

p. 20: Dante Gabriele Rossetti (1828-1882). *"Ecce Ancilla Domini!" (A Anunciação)*. London: Tate Gallery.

p. 29: Lorenzo Monaco (1370-1423 ca.). Trítico da Anunciação (Anjo). Firenze: Galleria dell'Accademia.

p. 34: Raymond Poulet (1934-). *Natividade 21*. New York: Banco de imagens, ADAGP/Art Resource.

p. 39: Marc Chagall (1887-1985). *Nossa Senhora do Povoado* (1938-1942). Madrid: Museo Thyssen-Bornemisza.

p. 44: Giotto (Giotto di Bondone 1266-1336). *O batismo de Jesus*. Padua: Cappella Scrovegni.

p. 51: Orazio Genrileschi (1562-1647). *O batismo de Cristo*, detalhe. Roma: Santa Maria della Pace.

p. 56: Anne François Louis Janmot (1814-1892). *O anjo e a mãe*, 1854. Lyon: Musée des Beaux-Arts.

p. 63: Bartolomé Esteban Murillo (1618-1682). *Arcanjo Rafael*. Riverdale--Hudson: Moss Stanley Coll.

p. 68: Giotto (Giotto di Bondone 1266-1336). *Crucifixão*. Padua: Cappella Scrovegni.

p. 73: Edouard Manet (1832-1883). *Cristo morto circundado pelos anjos*, 1864. New York: Metropolitan Museum of Art.

 p. 78: Beato Angelico (1387-1455). *Mulheres pias no sepulcro*. Firenze: Museo San Marco.

 p. 83: Andrea Mantegna (1431-1506). *As Marias no sepulcro*. London: National Gallery.

Sumário

Introdução 9
As surpresas de Deus 21
Anuncio-vos uma grande alegria 35
Os anjos do deserto 45
Os anjos da guarda 57
O anjo consolador 69
Os anjos da ressurreição 79
Referências iconográficas 89